やどかりブックレット・障害者からのメッセージ・6

精神障害者がいきいきと働く

やどかりブックレット編集委員会 編

星野 文男　香野 英勇
大村 祐二　宗野 政美　著

発刊にあたって

　1997(平成9)年4月にやどかり情報館(精神障害者福祉工場)が開設し，私たちは1997年から「－精神障害者からのメッセージ－私たちの人生って何？」というタイトルで体験発表会を行っている．これは，昨年度はやどかり研修センターの事業の一環として，今年度からはやどかり出版文化事業部の事業として行っているものである．
　やどかり情報館は精神障害者が労働者として働く場であると同時に，障害をもった私たちが私たちならではの情報発信の基地としての役割を果たしていくことを目指して開設された．
　早いものでこの原稿を書いている時までに11回の体験発表会を開催し，今は12回，13回の体験発表会の企画を立てている．
　この会が始まったきっかけは，精神障害者自らがその体験や思いを語ることで，精神障害者に対する誤解や偏見を

改め，正しい理解を求めたいということだった．そして，「私たちにだって人生はあるんだ，生きているんだ，私たちの人生とは何だろう？」という問い掛けを自らに，そして周りの人たちに投げかけ一緒に考えていきたい，そんな思いを込めていた．また，やどかりの里では日本の各地からの要請で自らの体験を語るために講師として出向く仲間が増え，単に体験を語るだけでなく，お互いに学び合いながら講師としての力をつけていくための場が必要であると考えたのである．

こうして第1回，第2回と体験発表会を進めていくうちに体験発表会に対する考え方に少し変化が生じてきた．精神障害者からのメッセージということで，精神障害者ということを非常に意識し，理解を求めようと動いてきたが，「人生とは？」という投げかけは，障害のあるなしに関わらず全ての人に共通した課題ではないかといった思いである．障害の種別を越えて，共感できたり，共通の課題を見出し，共に考えていくことも大切なのではないかと考えるようになった．そのためには他の障害を持った方々にもその体験を発表してもらい，交流がはかれたらという思いが強くなっている．

そこで改めて，体験発表会という形で一般の方々に集まって聞いてもらい全体で討論することで，参加してくれた方々が改めて自分の人生について考えるきっかけになるように，そんな気持ちを込めて企画運営している．

当初体験発表会は，講師としての力をつけたい，同じや

どかりの里の仲間に聞いてもらいたい，といったやどかりの里の内部に向けての企画であった．そして第1回の体験発表会について埼玉新聞が取り上げてくれたことがきっかけとなりやどかりの里関係者以外の参加者が足を運んでくれるようになった．また，情報館のある染谷の地の人々に私たちの活動について知ってもらいたいとの思いをこめ，情報館のみんなで体験発表会の案内を染谷地区の各戸に配って歩いた．何回か継続するうちに少しずつではあるがその効果が表れ，案内を見て寄ってみたという近所の方々の参加がみられるようになってきている．

　また，この体験発表会には，精神障害を体験した人々が，自分たちと同じ経験をしてほしくないという思いが込められている．病院生活の辛い経験を味わってほしくないし，社会に出てからもそんな苦しい思いをしてほしくない．体験発表会で語ることで，少しでも，現状が良くなっていったらという願いがこもっている．

　今回のブックレットの発刊は，この4月からやどかり研修センターがやどかり情報館の活動からはずれ，やどかり出版に文化事業部の活動が新たに位置づいたことに端を発し，さらに昨年1年間の実績で私たちが語り合ってきた「障害をもちつつ生きる」という体験が多くの方々に共感を得ているという手ごたえを感じていることから夢を育んできたことが実を結んだものである．第1回から第4回までの体験発表会はやどかり出版の発行する「響き合う街で」6号に掲載されているが，できれば自分たちで企画する本

づくりを進めていきたいという思いがふくらんでいったのだ．やどかり出版の編集者との2人3脚で，ブックレットづくりの夢が現実のものとなっていった．やどかり情報館で開催する体験発表会に参加できる方はどうしても限られてしまう．でももっと多くの人々にこの思いを届けたい．

　地域で孤立して生きている人たちや，まだ病院に入院している人，はじめて病気を体験し，とまどっている人，病気や障害があっても地域の中で，その人なりに暮らしていきたいと思っている人々，そんな人の手にもこの本が届いていくことを願っているのである．

　このやどかりブックレットに私たちの思いをこめて，全国の仲間に届けたい．

1998年9月

やどかりブックレット編集委員会

目　次

発刊にあたって　……………………………………　3

はじめに　……………………………………………　10

I　4人の体験発表・働く　…………………………　13

ともに働く中から精神障害のことをわかってほしい
　　　　　　　　　　　　香野　英勇　……　15
　向精神薬を飲んで働くことの辛さ　………………　16
　社会の中での居場所を求めて　……………………　17
　薬を隠れて飲もうとすることで被害的になる　……　17
　向精神薬は副作用が強い　……………………………　20
　病気を隠すことの辛さ　………………………………　21
　自分が認められることの喜びがある福祉工場　……　22
　病気をする前の自分を取り戻している　……………　24
　協働の中でこそ精神障害者のことがわかる　………　25

素朴な質問が出せる職場
　　　　　　　　　　　　星野　文男　……　27

精神障害の２大症状 ……………………………… 28
　　幻聴を抱えながら多忙な会社に就職 …………… 29
　　サラリーマンのつき合いから浮いた存在に ……… 30
　　役所の臭いがして行けなかった職安 …………… 31
　　職場の環境にどうしても馴染めず ……………… 32
　　父親の病気入院を期に気を入れて働き始める …… 33
　　精神障害者というレッテルを貼られるのが嫌で … 34
　　やどかり情報館には仕事の経験が ……………… 36
　　ない人がかなりいる
　　差別ではなく区別することが大切 ……………… 37
　　素朴な質問が出せるような職場が必要 ………… 38

自分が認められたいから
　　　　　　　　　　　　　　大村　祐二 …… 40
　　24歳で発病，対人恐怖症を患う ………………… 41
　　34歳で幻聴，38歳で結婚，48歳で離婚，再入院 … 42
　　毎日30キロの重荷を背負って働く ……………… 43
　　気持ちの余裕を持てない一般就労 ……………… 45
　　働きたいのは自分の人権を認められたいから …… 46

雇用に新しい機会を導入した福祉工場
　　　　　　　　　　　　　　宗野　政美 …… 49
　　障害の３つの定型 ………………………………… 50
　　障害者を取り巻く障害の壁 ……………………… 51
　　お金を生み出すうちでの小槌的役割 …………… 52

やどかり印刷の前身NSP印刷の消長 ………… 54
　　精神保健福祉法のもとでの法内施設として ……… 56
　　企業マインドと福祉マインドの二人三脚 ………… 57
　　働く場にもう1つの価値の導入を ………………… 59

Ⅱ　質疑応答 ………………………………………… 62

　　生活者としての自信が障害をプラスに変える …… 64
　　障害者が地域に根づくことを願って体験発表会を 67
　　質のよい仕事を誠実にこなすことで …………… 68
　　今後障害の開示の方向を進めてください ………… 70
　　情報開示は双方向性が前提 ……………………… 72
　　ストレス解消には勉強が一番 …………………… 73
　　社会適応訓練より自分の能力開発こそ ………… 75
　　精神障害者がそこで生活すること自体が ………… 80
　　地域を変える
　　対等であることと憩いの場に …………………… 81
　　入りにくいとは違う次元
　　福祉工場にもいろいろあることを実感 ………… 83
　　活動を作った人が活動を担っていく …………… 84
　　自立を考えたら一般就労，病気は隠す ………… 87
　　障害者であるかないかを認めるのは本人次第 …… 88
　　精神障害者という言葉は本人が選択して使うもの 90

おわりに ……………………………………………… 92

はじめに

　本書は「やどかり里ブックレット１　精神障害者にとって働くとは」の第２弾です．労働省の職員の方々に対する私たちメンバー３名，職員１名の講演を行った記録です．精神障害者にとって働くということは憧れです．しかし，現状は厳しい．
　やどかりの里の30年の歴史の中で，初期において，一般就労は社会復帰したこととみなされている時がありました．しかし，病気が回復し，就労すると再発をくり返す中で，どうも一般就労という形をとらなくてもよいのではないか，という考えに変わってきました．また，社会復帰という言葉もあまり使われなくなってきたようです．
　それぞれが社会の中で生きていける，それは生活保護という形をとっても，地域でごく当たり前に生きることが大切で，そんなに就労に拘ることはないし，人間が尊厳をもって生きる……それでいいのではないかという考え方が出て

きました．

　しかし，でも私は働きたいよ，お金も欲しいよ，という声も少なくなく，その声をもとに福祉工場が作られました．本書では福祉工場で働いている私を含めて，3人のメンバーと1名の職員の働くことについての4者の考え方が述べられています．

　香野さんは，僕は一般就労はしたくない，とはっきり述べています．そこまでくるまでにはいろいろな葛藤があったと思いますが，彼は彼なりの哲学を持っています．福祉工場で働くことに彼は自信と誇りを持っているように思われます．

　大村さんはまた違った考えで，今は居心地がいいけれども，でも一般就労したいよ，と素直な気持ちを述べてくれました．彼の歴史は働いて，働いて，何回も挫折しながら，それでももっといい暮らしをしたいよ，もっと働きたいよ，と述べているような気がします．

　そして私，星野はその中間というのでしょうか，あまり働くということに哲学を持っていない，現状を否定も肯定もしない，流れるままに生きている……非常にものぐさな生き方をしています．

　そして，最後に，やどかり印刷の責任者である宗野さんが，やどかり印刷の歴史とやどかり情報館の概要，そして，障害についての理論的説明を述べています．

　さて，私は今障害について考えています．だれが私たちを障害者と決めているのだろうか，と私は思いました．だ

れも決めていない，ただ，世間が私たちを障害者と呼び，私たちもそれを否定しない，障害者という意味も深く考えずに私たちは何か肩身の狭い生き方を強いられているのです．そして，偏見や誤解の中でどうも精神障害者はわからない，という考え方が生まれてきます．

　世の中にはいろいろな人間がいて，いろいろな生き方がある．そんなことを私たちは本書で伝えていきたいと思います．そして，働くということの原点はお金だけではない，やはり，人間が働く喜びを持って生きていく，そんなことを感じていただけたら幸いです．

　　　2000年9月

やどかりブックレット編集委員
　　　　　星野　文男

Ⅰ 4人の体験発表・働く

司会（増田一世・やどかり情報館館長）　「働く」というテーマで今日は4人の発言者にお願いしております．最初にまず発言順に自己紹介をしてもらいます．

　香野　やどかり出版文化事業部で働いておりますメンバーの香野英勇です．よろしくお願いします．

　星野　やどかり出版の販売管理部で働いておりますメンバーの星野文男です．よろしくお願いします．

　大村　私はやどかり印刷で働いておりますメンバーの大村祐二と申します．よろしくお願いします．

　宗野　やどかり印刷の宗野と申します．よろしくお願いします．

　司会　最初の3人は病気の体験があります．その病気の体験と「働く」ということは非常に関係があるので，その辺のことを話さないと，

　「病気や障害を持ちつつ働くことの実際やその意味が伝わらないかもしれない」

と打ち合せの時に話をしました．香野さんは全国的に，星野さんも結構あちこちで話をしていますが，大村さんは今日が2回目です．それでも皆どきどきしながら話をすると思いますので，よろしくお願いします．

　では香野さん，よろしくお願いします．

ともに働く中から
精神障害のことを
わかってほしい

香野　英勇

向精神薬を飲んで働くことの辛さ

　皆さんのお顔をよく見てお話したいので，立ってお話をさせていただきたいと思います．正味20分でどこまで伝えられるかわかりませんが，がんばってみたいと思います．
　精神障害者という言葉はもちろん皆さんは知っておられると思いますが，どんなことが起こって，どんなことで今皆が苦労しているのか，ということについてまずお話したいと思います．
　僕は戦後生まれの人間ですが，戦時中「非国民」という言葉があったと聞いています．そこで僕なりの言い方をすれば，精神病院体験をした精神障害者は，「非人間」として病院の中で扱われた経験がある，ということをまず第1に聞いていただきたいと思います．
　向精神薬を飲んで働くということは一般企業の中では非常に辛いことです．僕は2度ほど就職をしたことがあります．
　1回は某ホテルのコックに正社員として雇われましたが，2か月もしないうちに辞めました．
　まず病気を持っているために疲れやすく，それが生活のしづらさにつながっているのですが，また，病気を隠して仕事をしなければいけないということが非常に辛いことでした．

社会の中での居場所を求めて

　僕はもともと精神病になるとは思ってなかったので，発病前は精神障害者を差別した側の人間でした．18歳の時に発病して薬を飲む生活になって退院してきました．退院するとほとんどの僕らの仲間がまず頭に描くことは，とにかく働きたいということです．今お見えになっている方々の半分ぐらいはハローワークの窓口をやられておられる方々だそうで，多分多くの精神障害者が働きたいと言ってきている姿を見ておられると思います．
　基本的には，皆が，
　「働きたい，働きたい」
と言うのは，自分の社会的立場なり，居場所が欲しいからなのです．ですから，自分に実力がなかったり，勤めても実際には働けないような状況であっても，
　「働きたい」
と言うのです．
　なぜ働きたいかと言うと，働く以外に社会に戻って行くすべがないのです．ですから皆，働きたいということを言うのです．

薬を隠れて飲もうとすることで被害的になる

　僕の仲間にも職業安定所に行って仕事を探している人が

いますが，現実的なことで言えば，就職を進めるのに障害者雇用枠，特に精神障害者の枠で働こうと思うことほど，スムーズにいかないことがいかに多いかということを痛感しています．病気を隠して就職したほうがいかに簡単か，嘘をついてでも，ほんとうは法律に触れるような履歴書の書き方をしたほうが，現実には就職できるわけです．しかし，多くの人たちが，だんだん僕らが体験したように，病気を隠して仕事をすることの大変さに気づいてきておりま

す．
　病気を隠して勤めて一番大変なのは，僕らは絶対服薬を欠かせないですから，昼食後に薬を飲むということをしなければならない．そうすると，病気を隠して仕事をしている人たちは，ほとんどの人たちが隠れて薬を飲もうとする．例えば，トイレの中であったり，洗面所で隠れて飲んでみたりするのです．そういうことをくり返していると，循環していたものが循環していかなくなって，薬を飲んでいるのを，
　「見ているんじゃないだろうか」
とか，
　「見られたんじゃないだろうか」
というように思うわけです．一旦このような状態になると，何事も悪いほうに，悪いほうにといくわけで，例えば，人が目の前を通り過ぎただけで，
　「飲んでいるのを見られたんじゃないだろうか」
ということになって，それが，
　「さっき見た人は僕のことを精神障害者だと知っているんじゃないだろうか」
というようにどんどん見えないところで自分を責めていって，最終的には自分の中で被害的になって，
　「皆知っているんだ」
とか，
　「僕を辞めさせようとしているんだ」
というふうに発想が変わっていくようなこともあります．

向精神薬は副作用が強い

　僕にとっては服薬をしていることが精神障害を一番意識することなのですが，服薬をしなければよくならないので服薬をしています．
　精神病院に入るということはある意味で社会から隔離され，先程も言ったように非人間的な扱いを受けながら過ごしている状況の中で薬を飲まされたわけです．僕は閉鎖病棟の中のさらに保護室という，ナースステーションの横にあって薄暗い，6畳1間ぐらいの所に隔離されていました．その中で薬を飲まされるわけですが，治療上とはいえどうなるかと言うと，精神の活動を薬で押さえつけるわけですから，口の周りが締まりがなくなったりするので，ご飯を箸で取って口に入れるけれども，食べているそばからご飯がぼろぼろとこぼれたり，味噌汁を飲んでも全部漏れてしまうというようなことのくり返しでした．そのぐらい体には非常に強い薬で，体が重たくて気怠くなった感じがして，箸を持ってご飯やおかずを持ち上げるのさえ重たくなるぐらいなのです．そういう強い薬を飲んで仕事をするなり，生きていくことは大変なことだということがおわかりいただけたでしょうか．

病気を隠すことの辛さ

　今述べたのは薬による弊害，副作用と言われるものなのですが，今お話したのは，押さえられるような感覚と，口からぼろぼろご飯がこぼれるような状態になること，その他に口渇と言って非常に喉が乾くのです．ですから仕事をしている時に，僕もそうでしたが，頻繁に水が飲みたくなります．水を飲めばもちろん頻尿という形でトイレに何回も行くことになります．例えばすごく気怠さを感じて立仕事がとても辛い場合には，
　「トイレに行く」
と言ってトイレに座ったまま疲れを癒しているという仲間がいたり，
　「喉が渇くから，喉の渇きが癒さなかったらできないから」
というので職を転々として電話で企業の商品を売り込む仕事をする人のような，仕事の上で当たり前のように水が飲める仕事を選んだりする人たちもいます．
　先程も言ったように，昼食後の服薬はすごく緊張します．お昼を食べている時でも，要領がよく，
　「ビタミン剤だよ」
　「風邪薬だよ」
と嘘をついても構わないわけですが，嘘をつくことさえも罪に感じてしまうような真面目な性格ですから，そういう

ことでさえ罪に感じてしまう，というのが精神分裂病の当事者である自分の特徴です．そういう人が多いのです．
　精神病院でそういうことを体験して社会に出て来て生きていくだけでも十分なのですが，皆はやっぱり社会的に認められたくて，
　「働きたい，働きたい」
と言うわけです．だから簡単に，
　「働きたい」
と言っているのではなく，自分を認めてもらうこと，自分の存在価値自体を働くということに賭けているということを忘れないでください．
　そこで思うことは，病気を隠さないで就職した方々が馬鹿を見ないような，努力した者は努力したなりの仕事が与えられるような世の中になってもらいたいと願っています．

自分が認められることの喜びがある福祉工場

　僕はこの会場のある福祉工場で働いていますが，何回も一般就労して最終的に決断したのが，普通の仕事は無理だ，一般就労は無理だということでした．だからそれ以後は一切一般就労は考えていません．
　僕は今福祉工場で日給月給で11万なにがしというお金を貰っていて，それは確かに少ないですけれども，それに障害者年金をプラスして，16,17万円のお金を持って，嫁さんと共働きで仕事をしているわけですが，それでもやって

いけるんです．給料は普通の企業に比べたら少ないけれども，無理をすれば仕事はできるほうですから，一般就労するよりも福祉工場で働いて，香野英勇として求められている仕事に就く心地よさというか，僕でしかできない仕事がここにあるから，僕はここの仕事を大切にしたいと思っているのです．

　僕自身が認められているという喜びが非常にあるので，お金の高で仕事を選びたくないし，多くの仲間が，

「また一般就労したい」
というようなことをよく言いますが，僕は堂々と，
　「一般就労はしたくない」
と言っています．僕は一般就労には全然魅力を感じないと言っています．その原点にあるものは，福祉工場で精神障害者として嘘偽りなく語って，認めてもらって，働いているところにあります．僕は福祉工場で仕事をすることによって自尊心を回復しています．精神病院で人間扱いをされず，自尊心をずたずたにされた僕が自尊心を回復できる，香野英勇にしかできない仕事ができる，ということは僕にとって大きなことです．病気を持った僕の体験が逆に生かされたり，僕の持味をちゃんと見てもらえるのです．それと，自分自身の自己価値が非常に高まっています．ですから，自分が仕事を毎日積み重ねていくことによって，自分が自己価値を高めていってよく続けたなと思うことが，成長している自分の振り返りにもなっています．

病気をする前の自分を取り戻している

　それと，多くの人に障害を持った僕自身を守られているという意識が非常にあります．ただ単に働く1つの駒として扱われるのではなく，1人の人として守られている．出版ではチームで仕事をしてますので，チームワークの中で思いやられたり，思いやられる自分を感じたりしています．一般就労の時には僕は仕事場にいる回りの人間関係に不服

を言っていましたが，それぞれの方とうまくつき合いができませんでした．その人たちを信頼していなかったから，それぞれの職場で，それぞれの人との関係が結べなかったのです．しかし，福祉工場ではたまたま同じ障害を持っているということで信頼しているし，関係も保っていられます．職場の中で同僚なり，上司なりといい関係を持っています．自分でバランスよくならないと仕事はできないのではないかと思っています．

とにかく自尊心の回復と自己価値が高まっていくことによって，病気をする前の自分，感覚的な問題ではなく僕の精神的な問題で，病気をする前の自分を取り戻しているような感覚が今非常にしています．

協働の中でこそ精神障害者のことがわかる

僕自身の性格と僕の病気のこだわりを見ていくと，最終的には社会的地位にこだわる自分がいることに気づきます．僕はテレビに出たり，新聞に出たり，いろいろマスメディアに登場したこともあるのですが，別に皆さんに称賛を求めているわけではないんです．では何を求めているのかと言うと，やっぱり社会でちゃんと生きていく，自分の足で立って生きていける自分というものを持っていたい．僕は別に障害者ということをマイナスだとは思っていないですから，障害者だって一所懸命働いて生活できているじゃないか，ということを認めてもらうことに喜びを感じていま

す．

　身体障害者の方々は結構雇用促進の態勢が整っているようですが，精神の場合に何が一番欠如しているかと言うと，お互いの理解だと思います．そこで何が一番大切になってくるかと言うと，一緒にやらないと，障害を持っていない人が精神障害者のことをわかろうと思ってもわかりません．僕は分裂病という友達のようなものと歩いて来て，12年目にきてやっと今ごろになって障害はこんな形かなとわかってきているわけですから，ちょっと聞いたり，読んだりというだけではわかるはずはないと思っています．

　いろいろな努力を皆さんはなされていらっしゃるでしょうが，まずはとにかく一番身近なところで，精神障害者の方々と一緒に働いたり，ともに何かを作る作業をやっていく中で，精神障害者その人の持っている形をわかっていってほしいと思います．ですから，ぜひこの機会に精神障害者の問題にもっともっと関心を持っていただいて，生かしていただきたいと思います．

　どうも有難うございました．（拍手）

　司会　香野さんは福祉工場の立ち上げの時に，ちょうど福祉の専門学校を卒業して，いろいろな選択肢の中から障害者として福祉工場で働くということを決断されたのです．決して楽な2年半ではなかったし，いろいろ格闘してきた中で今の発言になったのだと思って聞いていました．

素朴な質問が出せる職場

星野 文男

司会　続いて星野さんの話に移ります．私はやどかりの里に来て20年ちょっとになりますが，私にとって星野さんは同級生と言ってもよい人で，一時一緒に活動していた時がありました．そこで情報館の立ち上げの前後に人手がなくて困った時に，
　「ねえ，助けてくれない」
と言って来てもらって，もうまる3年になります．

精神障害の2大症状

　私は香野さんほど若くなく，体力もないので座って話させていただきます．
　昨日もよく眠れませんでした．精神障害者にとって眠れないということが1つの障害なのです．眠れないと次の日の仕事に差し支えるという心配があるのですが，疲れやすいということと眠れないということが2大症状だという気がします．
　私は疲れるとまだ幻聴があるのです．そこである程度幻聴が起こってくると，仕事や生活上の諸々のことを少しセーブすることにしています．
　そういう前置きで，私の病歴とか，過去の職歴，今の仕事，それにやどかりの里との出会いなどを話していこうと思います．
　発病は19歳の時です．ちょうど70年安保の時で，学生運動や反安保の闘いで騒然とした時代でした．団塊の世代で

人口が一番多い時で，競争，競争という時代でした．ちょうど19歳の時に大学に入学しましたが，大学闘争の只中ということもあったり，思っていた大学に入れなかった葛藤とか，恋愛などもからんで発病して入院となりました．

幻聴を抱えながら多忙な会社に就職

病気をしたために1年他の人と遅れて，友達もいないし，麻雀も知らない，ゼミにも入っていない，クラブにも入ってない……みんな医者に止められていたからです．クラブに入ろうと思って医者に言ったら，

「だめだ」

と止められてしまいました．

学生の時にハワイでのセミナーに1か月参加しました．4人ぐらいで2部屋に泊まるのですが，先程香野さんが言ったように，周りの人の目が気になって薬を飲まなかったのです．そうしたら幻聴が起こって，夜寝ていると幻聴が聞こえるから隣の部屋へ見に行くと，みんな寝ているので，

「あっ，幻聴なんだ」

ということがわかったのです．そういう経験がありました．

さて，他の人たちから1年遅れて吉永プリンスという会社に入り，貿易部という話もあったのですが，結局薬を飲まないと幻聴が起こってくるから，貿易部は無理ではないか，2週間に1回は医者に行かなければなりませんから，そういう仕事上の制限が今でもあるわけです．そこで貿易

部は断って国内営業に回りました．特需課に配属されて，有名会社，例えばNHKとか，コカコーラなどにライターを納める仕事をやりました．その仕事は非常に面白かったのですが，納期という締切が非常に激しい仕事で，例えばイベントがあって，その日までに配る商品がなければもうだめだということになるのです．だから午後にイベントがあるとなると，午前中に高速道路をとばして納品に行くという激しい仕事をやっていました．

サラリーマンのつき合いから浮いた存在に

　やっていく中で，若かったからでしょう，疲れは今ほどは感じませんでした．しかし，仕事は遅く，
　「仕事が遅い，遅い」
といつも言われていました．私は会社にトップの成績で入りました．今なら適当に流すことも，当時はトップにある責任を感じて，
　「ちゃんとやらねばならん」
ということでかなり疲れました．
　私は麻雀もできない，パチンコもやらない，遊んでいないからそういう話ができませんでした．私が行った会社のサラリーマンたちはギャンブルだとかプロレスだとか，女性の話などもするわけですが，私はそういう話には全然ついていけなかったのです．それで，
　「お前は純粋なんだ」

と言われました．そうなるとある程度浮いた存在になって，ちょっと仲間外れ的になります．

　それでもだんだん慣れてきて，配置転換などもあってかなり上手くいっていました．

役所の臭いがして行けなかった職安

　ちょうど仕事も乗りに乗っていた時に，病気がすっかり治ったのではないかと思ったのです．そこで薬を止めたら結局調子が高くなって，動き回っている状態になり，とうとう入院することになってしまいました．

　やがて退院してまた職場復職するわけですが，やっぱり無理ではないかということになり，結局退職することになりました．私の場合は家で商売をやっていましたので，会社を辞めても行くところがあったから，ある程度気楽に辞めることができました．

　退職した時に職安との初めての出会いがありました．でも私は職安に行けませんでした．一般に，
「貰うものは貰ってしまえ」
と思っている人が結構多いらしいのですが，私は職安に行って失業手当てを貰うのが嫌で，度胸がないというか，非常に鬱気味になってしまいました．

　今は結構職安に行ってみたりしています．求人の様子がいろいろ面白いと思ったりしています．しかし，その当時は職安には役所という感じがあって行けなかったです．

その後いろいろ勉強してみると，働く能力がなければならないという項目があって，そうだとすると，当時の私の状態ではその能力がないわけですから，正式に言うと失業手当ては貰えなかったと思うのです．

職場の環境にどうしても馴染めず

　そこで親父の仕事を手伝うことになりました．家の商売は雑貨の卸屋をやっていました．そこで働くことになったのですが，今度は逆につき合いがあまりないのです．回り

は歳取った小母さんや社員ばっかりなのです．プリンスにいた時は同期生や先輩と飲み歩いてましたから，なんとも環境の変化には戸惑いました．それで1か月ぐらいで，その時は私もまだ結構若かったし，景気も悪くない時でしたから，かなり新聞広告があって，埼玉トヨペットに入りました．かなり期待されたらしいのですが……私はどこでも期待されるのですが長続きしないところがあるのです．

　そこで車の販売台数の統計の仕事をしました．これはすごく細かい仕事でかなり疲れてしまいました．また，私は自動車が好きではないので，好きではない物を売っている会社に入ったから余計違和感があって，すぐに辞めてしまいました．

　それでまた親父の会社に戻るのですが，その後も入院を何回か経験しました．

父親の病気入院を期に気を入れて働き始める

　3回目の入院の時にまた幻聴が強くなって，医者に，
「寝てなきゃだめだ」
という宣告を受けました．それで1年ぐらい寝ていました．幻聴も治らないし，どうしようもないというので，その時ちょうど新聞に出ていたやどかりの里という所に行ってみようということになりました．行ってみると，幻聴があってもやれるという，私にとっては転換的な考え方に触れることができて，それからだんだんよくなっていきました．

やどかりの里に入ってからも1回入院しました．私が30歳の時に私の状態が悪かったので，親がテナントのビルを建てて，その管理を私にやれと言いました．そこで親と一緒にやっていましたが，やっぱり重荷になって入院ということになりました．退院してきてからはぶらぶらしていました．

　そういう時に親父が頚椎の病気で入院して，おふくろが付き添いに行ってしまいました．私1人が残ってしまったわけです．その時に思ったのが，これはチャンスじゃないかということでした．それで気を入れてビル業と，そのビルの1階に住んで，家業の雑貨の卸屋の支店とをやるようになりました．それがなんとかできるようになって，その後結婚をして，そしてやどかり情報館に来るわけです．

精神障害者というレッテルを貼られるのが嫌で

　商売をやっていて感じたことはやっぱり人間関係のことでした．商売というとあまりつき合いがないと思いがちですが，その地域の商店街のつき合いや，自治会，青年会などのつき合いとかがあるのです．しかし，そのころの私はそこでも話についていけないのです．その話というのは遊びの話，つまりギャンブル，競馬，パチンコなどに関してのものが多く，私はそういう趣味がなく，本を読んだり，旅行したりするのが好きなのです．

　そこで始めたのがパチンコでした．そして少しずつみん

なと話ができるようになりました．
　雑貨屋は兄貴が継いでいましたが，景気が悪いので廃めてしまいました．それで私の仕事は貸ビルの管理だけになりました．離婚もしたのでかなり暇になって，先程話したようにやどかり情報館に来てみないかという誘いを受けて来ることにしました．
　ちょうどその時に，やどかりの里にあゆみ舎という作業所があり，そこが経営しているルポーズという喫茶店に行

こうと思っていたのです．（注：当時あゆみ舎には作業部門と喫茶部門があった．現在はそれぞれが作業所として独立している）そこへ増田さんからの話があったのでかなり悩みました．いろいろ相談して，結局週2回やどかり出版に来て，週1回ルポーズで働くということになって，月曜日にはルポーズに行き，火曜日と金曜日にやどかり出版に来るという態勢を組みました．

　ルポーズではウェイターをやっていました．ウェイターという仕事は学生の時によくやっていた仕事だから慣れていました．ただルポーズという所は精神障害者の喫茶店だというレッテル，職員もいましたが，そこで働いている人は精神障害者だと外から見られているという，これは偏見かもしれないのですが，レッテルを張られるのが非常に嫌で辞めてしまいました．

やどかり情報館には仕事の経験がない人がかなりいる

　今でこそこうやって皆さんに話をしたりしていますが，やどかり情報館に来たころはある程度守られていて，あまり前面に出なくてすんでいました．
　やどかり出版での仕事は主に書籍や雑誌の発送という仕事で，全国各地から来る書籍の注文を伝票に書いたり，書籍小包みを郵便局に持って行ったり，宅急便で出したりする仕事が主です．そういう仕事をしている中でいろいろなことを感じています．私はその種の仕事はサラリーマン時

代とか家の商売でやっていましたから，かなり慣れています．けれども，後から入って来た若いメンバーを見ていると，アルバイトぐらいで仕事についた経験がほとんどないのです．だから，例えば発送の時に梱包して住所を書くのですが，名前を書いて「様」を入れないというようなことがあるのです．そういうことを経験していないのです．

　2，3日前に，領収書を梱包する本の中に入れるようにという指示があった時に，
　「星野さん，領収書ってこれですか」
と聞かれたわけです．その30歳ぐらいの人は今まで仕事をした経験がないから，そういう基礎的なこと，私などが当たり前にしていることがわからないということがあるのです．

　また，仕事ができる人でも疲れやすいということはあります．私もかなり疲れやすくて，リゲインとかを飲んでおります．

差別ではなく区別することが大切

　今の職場と普通の職場の違いについて述べたいと思います．まず精神障害者が実状を公表して勤められるということがあります．香野さんも言ったように，ある程度守られてるというところがあって，障害を抱えていてもそれを許容してくれる場所でもあるのです．一般就労の場合，障害者雇用枠があるようですが，障害者を一般採用の枠に当て

はめてしまうとそこに無理が生じてくるのです．それは差別ではなくて区別だと思うのです．最近はその区別が必要なのではないかと思っています．

　最初は慣れないと非常に疲れたり，休んだりしますが，ある程度長く続けば慣れてきて，真面目な人が多いですからかなり仕事ができるようになります．その辛抱強いという特性を見ていただければ有り難いと思います．

　もう少し具体的なことを話しますと，やどかり情報館には和室が3つあります．それを普通の会社に求めるのは無理かもしれませんが，昼休みにちょっとでも寝る空間があったら，非常に大きな力を発揮できるということを訴えたいと思います．

　有難うございました．（拍手）

素朴な質問が出せるような職場が必要

　司会　やどかり情報館では今十数名の人が働いていますが，星野さんや大村さん，香野さんもそうですが，病気をしても他で仕事をした経験がある人と，早くに病気になられて，例えば高校時代とか大学の途中で病気になって，働いても一瞬の間でしかなかったという方もいらっしゃいます．やどかりの里の中には中学時代に発病されて，高校や大学に行きたくても行けなかった方もいらっしゃるので，いつ，どんなタイミングで病気になられたかということが，その後にその人がどういう暮らしを組み立てていくかとい

うことにかなり影響があるのです．病気になる前の経験，また病気になった後でも，どのくらいの経験がその人にあるかによって，その人の暮らしぶりはずいぶん変わってくるということは，今の星野さんの話を聞きながら首肯けることでした．

　しかし，仕事の経験がないと絶対にだめかと言うとそうではなくて，先程も領収書の話や宛名書きの話が出ていましたが，
　「領収書がこういうものだ」
ということがわかれば，次の日からは大丈夫になります．だから，
　「それは何ですか」
という素朴な疑問が出せる関係が職場にあれば，ちょっとした細かなつまづきはクリアできるのです．そういうことが言える職場の大切さを今改めて感じさせられました．

自分が認められたいから

大村 祐二

司会 続いての話は大村さんです．大村さんは病気になられたのがずいぶん後になってからです．病気になる前も，なってからも，働くということをとても大事に考えていらっしゃる方のお1人です．では大村さん，よろしくお願いします．

24歳で発病，対人恐怖症を患う

やどかり印刷で働いている大村です．この3人の中では一番年長で53歳です．私も香野さんと違って，座ったまま話させていただきます．よろしくお願いします．

自分の言いたいことは，「働くことの意味」です．実際に社会で働いてきたのが48歳の時までですから，今から5年前まではずっと社会で働いてきました．

私が発病したのは24歳の時です．私の場合，病気の原因ははっきりしていました．実は私はある宗教をやっていましたが，その宗教を離れたことによって，生き方の行先がわからなくなって考え込むようになったことが原因で，不眠症になりました．そして自分で病院に行って薬を貰うようにしたのです．

その時に先生に，

「お前はちょっと考え過ぎだから，ちょっと病院で考えてこい」

と言われて1年半入院しました．初体験です．

後からまた1年半，2回目の入院をすることになります

が，1回目の入院は千葉のほうの病院でしたが1年半で退院して，それから後の10年間は暗やみの中で考え込んでいました．症状としては対人恐怖症，不安神経症みたいなものがあって，人の視線が気になったりしていました．私はそういうことに悩みながら，その間もずっと働いていました．

34歳で幻聴，38歳で結婚，48歳で離婚，再入院

仕事は明治乳業の新規事業部の中のファーストフードの店長や大工，あるいはビルメインテナンスの仕事をしたり，その10年間のうちに4つか5つ仕事を変えました．

五里霧中と言うか，私の人生の中ではトンネルの中に入ったような時代でした．でもその間でも必ず働いてました．

私は宗教をやっていた関係で，完璧主義的なところがあって，そのことによる劣等感に悩んだりしていました．人間関係はそんなに悪くはなく，喧嘩をすることもなく，人との社会的なつき合いも普通にやってきていました．

34歳になってから分裂病の症状である幻聴が初めて出てました．その時は大工をやっていた時でした．幻聴が出た時にはどうしていいかわからなくなりました．そういう症状を持ちながらも38歳の時に結婚して家庭を持ちました．病気ということを隠して，ノイローゼだなどと女房に嘘をついて結婚したのです．結婚生活は10年間続きました．結婚中も幻聴が非常に出て，仕事もその10年間で10回ぐらい

変わりました．

　その時代が自分の一番苦しかった時代です．大変な10年間ではあったけれども，今振り返ると非常に充実した10年間ではなかったかと思います．

　それから，症状がひどくなって入院することになり，離婚しました．それが48歳の時です．その時は２回目の入院で，１年半かかりました．それから姉の知り合いの紹介でやどかりの里の存在を知ったのですが，私は退院できればどこでもいいと思って，私の田舎の静岡から何のためらいもなく埼玉のやどかりの里へ来ました．

　やどかりの里に来てからあゆみ舎という作業所で１年半働いて，それから念願の福祉工場に勤めるようになりました．それが私の人生の概略です．

毎日30キロの重荷を背負って働く

　僕がこんなに職を変わったということを変に思うかもしれませんが，それは病気を持っていたからなのですが，病気を持つということがどういうことか，恐らくこれは病気を持った者でないと体験できない辛さがあるわけです．僕の場合は，最初は対人恐怖症とか不眠症，それから視線恐怖症とか，考え込んでしまうとか，そういうことが多かったり，また幻聴が出てからは疲れてしまったり，意欲がなくなって，もっといい所があるだろうと思って転職してしまうのです．私もハローワークにはずいぶんお世話になり

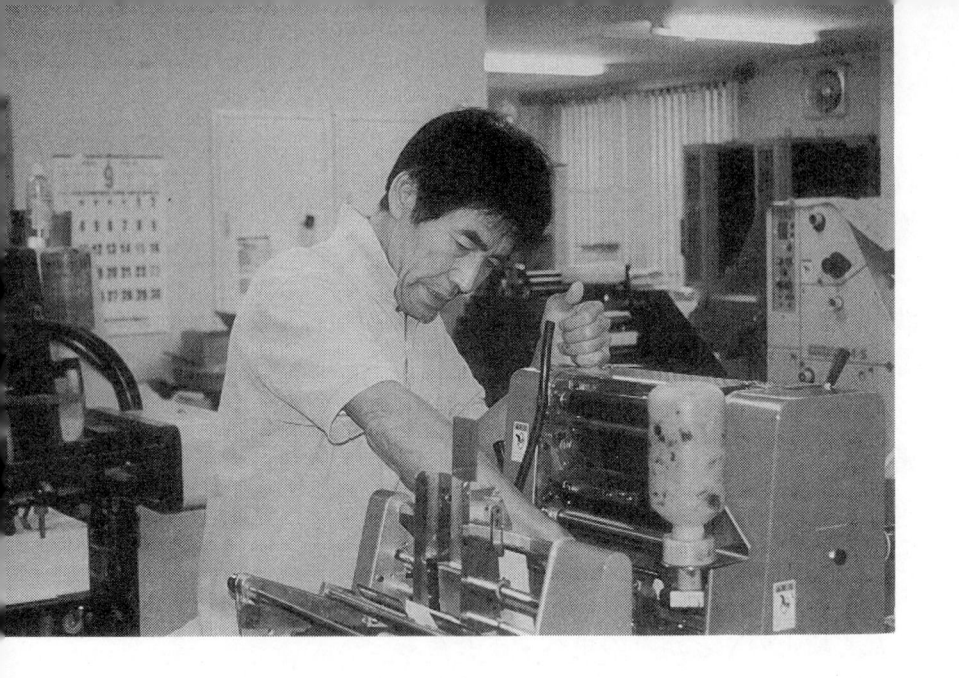

ました.
　病気を持って仕事をするということは，香野さんも言っていたように，毎日30キロの荷物を背負って皆と同じように働くことになります．
　だから自分の体をだましだましするわけで，朝起きれば今日は症状が出ないようにと，祈るような毎日が続きました．
　総じてストレスの発散の仕方が下手なのではないかと思います．これは僕の性格かもしれないし，あるいは宗教的なものを持っていたせいかもしれません．酒を飲むぐらいで……酒は好きなものですから，酒でまぎわらすぐらいしか方法がありませんでした．

気持ちの余裕を持てない一般就労

　やどかり情報館に来て働くことになったわけですが，僕としては基本的にはあくまでも一般就労と同じだと思っています．だから甘えは持っていませんし，甘えることも許されないと思っています．ただ，例えば賃金が安いとかということでは，お互いにやどかり情報館ではフィフティフィフティで，貸しもなければ借りもないっていうような考えを持っています．
　どうしても辛い時は休みますが，情報館では，
　「ああ，いいよ」
と言ってすぐ休ませてくれます．一般社会ではそうはいきません．
　「休んでばっかりいては困る」
とすぐ怒られるし，材木屋の工場で働いていた時は配達が遅れると……僕は幻聴が聞こえたりするとどうしても配達が遅くなったりするものですから，すぐ注意されました．また，いろいろなことに気がきかないと，
　「気がつかない」
とよく上司から注意されたりしました．まず一般社会で要求されるのは，
　「人並みに働け」
ということです．その上でそれ以上できれば誉められるし，地位も向上するし，給料も上がるし，上役の機嫌もよくな

ります．また，それ以下だと，そのお返しがもろに来ます．給料は下がるし，仕事も与えられないし，仕事を任せられないと信用が落ちてしまう．そういうわけで，一般の社会はシビアな世界だと思うし，病気を持って能率が落ちたりすると，一辺に酷い目に遭います．

働きたいのは自分の人権を認められたいから

　解雇されたことは思い出すのも嫌です．不当解雇ではないかと反発してみたり，言ったりもしたこともありましたが，就業規則にあるので，能力の極端に落ちた者はしようがないと対象にされたこともありました．
　やどかり情報館ではあまり叱られたことがありません．

1回若いのに叱られたことがありましたが，あまり恐くはありませんでした．（笑）年上に叱られるとやっぱり恐いです．

　やどかり情報館の同僚は人の弱味をかばってくれるとか，弱気になると励ましてくれたりする優しさ，暖かさがある職場ですから，非常に居心地がいいです．だから私も，悲しい思いをしている場合には励ましてやるような人間になりたいと思っています．

　48歳まで一般社会でずっと働いてきて，やどかり情報館でも働くようになって，一体どうしてこんなに自分は働くことにこだわるかと言うと，やっぱり他人から認められたい，強いて言えば，人権を認められたい，ということにもつながると思うのです．それは生活のためばかりではないと思います．

　これからやどかり情報館にずっと長く勤めていくかどうか，体調のほうと相談しながらやっていくつもりですが，一般就労する気もあります．その時自分は病気を隠していきたいと思っています．それは，何よりも障害者と言われることが嫌なことと，給料が減らされることが嫌だということがあります．これからどうなるかわかりませんが，その時はハローワークにもお世話になると思いますので，よろしくお願いします．有難うございました．（拍手）

　司会　結構びっしりと便箋に書かれていたようですが．大村さんのこういう話は私も初めて聞くことが一杯ありました．大村さんはやどかり情報館に来る前からやどかりの

里で会うと，とっても笑顔の印象的な方で，本当に優しい笑顔で，こちらが嬉しくなってしまうような彼の暖かさは，もしかしたら悔しい体験だとか，辛い体験などが糧になって，大村さんの，お喋りしなくてもその体験がだんだん伝わってくるのかなと思いながら，胸に詰まるものがあって聞いていました．

　大村　それでお金があったら最高なんですけど……（笑）

雇用に新しい機会を導入した福祉工場

宗野 政美

司会　続いて，大村さんとやどかり印刷で一緒に働いている宗野さんに話してもらいたいと思います．宗野さんはこの福祉工場を立ち上げる準備室のところから一緒にやってきた仲間です．福祉工場のフレームワークのことも含めて，話をしてくれるのではないかと思っています．

障害の3つの定型

　私は体が重いので香野さんのように立ってやれませんので，座らせていただき，資料を見ながらお話をさせていただきたいと思います．
　先程大村さんが，
「僕にとって情報館は居心地のいい所だ」
と話をされていましたが，私にとっても居心地のいい所です．ただ今日この場でこうやって話をしているのは居心地が悪いというか，（笑）大村さんがいやに緊張していたので，こちらにも伝染して緊張が生じています．上手く話せるかどうかわかりませんが聞いて下さい．
　3人の方が病気の体験とか，障害の体験などを話されましたが，私はやどかり情報館の印刷部門の責任者ですので，やどかり印刷の歩みから，今のやどかり情報館がどのように成り立っていったかということを話したいと思います．そして，最後にやどかり情報館が持つ意味とか価値などについて，僕なりに考えていることをお話したいと思います．
　いわゆる精神障害者は疾患と障害が共存しているのが，

すごく特徴的だと言われています．ある程度定型化された障害の分類があるのですが，障害には3つあって，機能形態障害と，能力低下と能力障害，それに社会的不利だと言われています．やどかりの里では，一般的な言葉ではありませんが…

障害者を取り巻く障害の壁

　幻聴であるとか，妄想という症状がいわゆる機能形態障害です．集中力の欠如とか，記憶力が低下するとか，眠れないとか，逆に眠気が出てきたり，香野さんが言うような口が乾く，水を飲みたくなる，そういうものがいわゆる機能形態障害と言われるものです．
　能力低下というのは作業能力が低下するとか，体力が低下する，疲れやすいというようなものが，いわゆる能力障害，能力低下だと言われています．
　社会的不利というのは，例えば学業とか労働の場が制限され，確保できなくなってしまう．比較的若い時に発病されて仕事に就いてばりばりやる時期に入院を経験されて，仕事に復帰する場合にも同じ職場に就くのは簡単にできない，というような障害がある．
　最後にその体験としての障害というのは，自己価値の低下，例えば家族とか，友人とか同僚への劣等感などです．
　これはだれにでもあるというわけではなく，精神障害者の回りにある障害はこういうものだということをまず一般

的な教科書になぞらえてお話しておきます.

　次に就労の形態についてお話します．今日も一般就労という話が3人の方から出ていましたが，就労の形態は一般雇用と一般就労と言われるものと，もう1つは福祉的就労に分けられます．

　やどかり情報館は福祉的就労を提供する所です．福祉的就労の中に精神保健に関することで言えば，精神保健福祉法の中に授産施設，これには入所型と通所型があります．もう1つは福祉工場です．法外施設としては地域作業所とか小規模作業所と言われるものがあって，それらを含めて福祉的就労というふうにしています．

お金を生み出すうちでの小槌的役割

　やどかり印刷は情報館の中に位置づけられる前にすでに歴史があります．昭和52年2月にやどかり印刷の前身がありました．だから22年の歴史があるわけです．

　始まりはやどかりの里のメンバー2人とそのご家族が，たまたま印刷機をいただけるということで印刷事業を始めました．この時はきさらぎ印刷と言いました．それは事業収益を上げるのが目的ではなく，仕事を通して何か張り合いになるものがあればいいというところから始まったと聞いています．将来的にはメンバーが運営する会社を作ろうという大きな目標を持って始めたのですが，メンバーがそこを去ったことによって運営ができなくなってしまいまし

た．たった1年間の活動ではありましたが，その中には生きがいや生活の張りを仕事の中に求めて，それを具体化していったということに非常に意味があったと思っています．これは今のやどかり印刷の基本理念にも繋がっていると思います．

その後引き続き職員1名が配置されて，活動が再開されました．当時，やどかりの里は，今のようにお金を国と県からいただく活動ではなく自前の活動でした．そこで，財政危機を迎えて，やどかりの里自体が存続できるかどうかという時代で，一方で活動をバックアップするような事業

を作り上げていかなければならなかったのです．要するにお金がないところで，お金をどこかで作っていかなければいけないということで，印刷と出版がその事業の先導的な役割を担う部門であった時代があったわけです．

やどかり印刷の前身NSP印刷の消長

　昭和63年が精神保健法の施行の年で，精神障害者社会復帰施設が法の中に位置づけられて，やどかりの里も社会復帰施設を作ろうという運動が展開されて，やどかり印刷を授産施設の中に入れて，多くの人たちがそこで働けるようにするというような試みを行いました．
　ただその時の中心になっていたスタッフは，自分たちが制度的な中で縛りを受けて皆が豊かになり，皆が仕事に夢を描いて活動を展開していくということには抵抗があったようです．
　「自分たちの会社を作りたい」
　「事業を独立したものとしてやっていきたい」
という思いがあって，授産施設の中ではいわゆる訓練的な意味合いを持たせて，印刷の本体は外にあるようにしたのです．その時の名称は「NSP印刷」でした．「なんて，すばらしい，プロみたい」の頭文字を取ってNSPとしたのです．その時に中心になっていたスタッフは大学の経済学部を出た人間で，印刷とはまったく関係がなく，また福祉的な勉強をしてきたわけでもなかったのです．そして彼

は，印刷の事業をすることによって，やどかりの里を支えていこうと思ったわけです．一所懸命印刷の勉強をして，夜遅くまで，ある時は徹夜で仕事をしていました．メンバーも一緒になって仕事をしていました．
　その彼が平成5年ぐらいになって体調を崩して，止むなくやどかりの里を退職されました．そこでNSP印刷は存続の危機を迎えたのです．

精神保健福祉法のもとで法内施設として

　平成5年に精神保健法が精神保健福祉法と改正され，初めて精神保健に福祉という名称がつきました．そこで福祉工場が法内施設として認められました．そこで，印刷事業を存続するかどうかということを，法人内部でいろいろ討論しました．この当時の記録を見ると，印刷部門の存続はやどかりの里にとって，大きな意味が2つあったと記録されています．

　1つは，これは出版にも関わるのですが，日常の実践の記録化，情報化を行い，出版活動を通して，やどかりの里の活動の深まりと広がりを持つ．これらを可能にする媒体を自前で持つ．事業と運動の一体化ということで，大きな意味があったとされています．

　もう1つは，これは大切なことですが，豊かさを求めたメンバーの働く場としての可能性をつぶさなかった．これは当初のきさらぎ印刷が描いていた基本理念で，今も通ずることであると思っています．

　福祉雇用という新しい制度の活用と導入は，その関係者の最善の策として選択されたのだと思います．

　やどかり情報館がオープンしたのは平成9年4月です．これは最低賃金を保障するという新しい試みでもありました．まだ情報館が建つ前は全国でも3か所しかなく，埼玉県下にはゼロ．この試みはいわゆる一般就労に結びつける

という就労援助の方向論とは違って，自分たちができそうな仕事を中心に働く場を作り上げていくというものです．そこで働きたいという願いを実現していくということが非常に大切なのです．

　情報館を立ち上げる前に，約1年半ぐらいの期間を「福祉工場を建設する準備」に当てました．授産施設にある印刷とやどかり出版，やどかり研修センターの3事業を福祉工場に移すための準備を行いました．

　これは職員主導で決めていったわけではなく，香野さんとか星野さんなどにも福祉工場のあり方を検討する会に入っていただいていろいろ決めていきました．「最低賃金を保障する」ということを最初の約束で始めましたが，賃金の決め方や年休のあり方，全体の運営に関すること，就業規則に関しても一緒に考えて作り上げていったというのが特徴的であったと思います．

企業マインドと福祉マインドの二人三脚

　さて，福祉工場であるやどかり情報館の持つ意味と価値を僕なりに考えてみました．福祉工場は利益を追求する企業マインドと，個人のニーズや個人が思い描くものを大切にしようという福祉的ニーズ，福祉マインドの両極をバランスよく持っている所だと言えます．これは一見矛盾するように思えますが，福祉工場の福祉工場たる所以はそういうことなのだと思います．具体的にそれが矛盾することな

のかどうかを僕なりに考えてみたのですが，先程星野さんが，
　「差別ではなく区別である」
という話をされましたが，これを僕なりに言うと，「役割」という意味のことではないかと思います．ここで働く障害者と言われる人，健常者と言われるスタッフ，印刷の専門家，そういう人たちは障害者だとか健常者だとか関係なく，1つのものを作り上げるというところでは対等なわけです．そこで苦手のもの，得意なものがあるだけであり，それはそれぞれの役割を担うことによって対等になり得るわけです．ですから，そこで働く人たちはそういう新しい能力，例えばパソコンを覚えるとか，機械を覚えるとか，新しい能力を見つけて役割を担っていくことができます．
　スタッフの役割はいろいろな環境条件を個人の特性に合わせていく，調整して，個人の情況に応じて条件そのものを修正したり，改善したりしていくところにあると思います．それでこの役割をお互いに取れた時に始めてバランスが取れることになると思います．
　以上が企業マインドと福祉マインドの二人三脚ということです．これにはいくつかポイントがあって，多分福祉工場では質量一体化，すなわち企業マインドと福祉マインドの二人三脚をする所が福祉工場であると考えて，僕なりに5つのポイントでまとめてみました．

働く場にもう1つの価値の導入を

　1つは，その制作活動がもたらすものは何か，と考えた時に，これはまさしく働いている人たちの生活の質を向上させるものだということです．

　印刷事業では収益率が約4割から6割，

　「安いですね」

と言われる所にはうんと安くして，何とか仕事を確保しようと思うのです．一方，利益率を高くすれば，その利益を直接働く人たちの給料に反映できるのです．まさしくそれは経済的保障であって，その人の生活の質を確保できるということが，生産活動の強みであると思います．

　2つ目は，働く環境の整備ということで，福祉工場にした時に，機械一式で約4,000万円，コンピュータの整備で約500万円ぐらい整備費が国からおりました．

　補助金によって専門の技術者，印刷のスペシャリスト，製本のスペシャリストを配置し，機械の能力を精一杯活かせるようにしました．機械を整備することによって仕事の選択肢が増えるわけです．製本の業務は情報館になってから初めて設けました．そうすると働く人は製本の業務を仕事として選ぶことができます．機械整備は働く選択肢を増やしていったわけです．

　また機械のスペシャリストを配置することによって，福祉と専門のスタッフとを明確に分けることができました．

これは大きなことだったと思います.
　また，職員とメンバーの関係が，今までの福祉の現場，つまり福祉施設でいう利用者と関わるスタッフという関係から，同僚関係に変わりました．これは物凄い価値の転換ではなかったかと思います．やどかりの里では情報館だけが唯一雇用関係です．
　ところで，先程言った所得保障だけではなくて，保険の類，雇用保険とか，厚生年金とか健康保険というようなことも経済的な自立を促し，生活の質の変化をもたらすと思えます．
　最後に，働くことの価値を考えた時に，精神障害者が全国に157万人いるというふうに言われていて，そのうち33万人が入院していると言われています．厚生省の調べでは，その中の40パーセントが地域の受け入れがあると退院できるとされています．退院の要件の1つに経済的な自立，すなわち就労というふうに考えた時に，精神障害者が働くということ自体を無視できなくなるだろうと思います．そこで一般就労率を精神障害者で見てみると，約11,000人と言われています．これは全体の0.7パーセントでしかないのです．これをやどかりの里に当てはめてみると，今170人のメンバーがいて，一般就労している人は2人か3人と言われています．そんな程度でしかないのです．
　ただ，先程香野さんが言っていましたが，1人の働きたいという気持ちを大切にして，一緒に働いていこうという場を一緒に作っていくということ，それは作業所とか授産

施設とか福祉工場もそうなのですが，福祉的就労の場も1つの働く場なのです．それは自己の尊厳の確認というか，自己の尊厳を大切にしていくことにつながっていくと思います．

　うまく言えないのですが，日本における雇用は雇用関係で働く場合を指すということになっています．しかし，国際的には保護的就労とか家事労働とか自営業も含んでいます．日本における雇用は雇用関係だけに限定しています．それが働くということは1つの形態だけではないということが，もう1つの価値として認められればいいと思います．

　司会　それでは，取り敢えず休憩にして，後半は質問も含めて皆さんからのご意見をいただきながら，4人の人たちにも補足をしてもらうという形にしたいと思います．有難うございました．（拍手）

Ⅱ 質疑応答

司会　まず4人の話をどのように聞いてくださったのか，ぜひ伺いたいと思います．

　A．今朝10時という少し早目にここに着いて，表で待ってましたら，隣のビニールハウスで働いているおじさん，大阪ではおっさんですけども，（笑）
　「何しに来ましてん」
と言われて，
　「まあ私ら今日勉強に来ましてん」
と言ったら，そのおっさんが，
　「まあこんな景気悪かったら，そうしたら精神的にも大変やな」
という話をして，すぐどこかへ行きはったんですね．
　先程香野さんもおっしゃってましたが，やはりわからない，知らない部分が多々あると思うのです．午前中のお話（増田館長や香野英勇さんがやどかりの里とやどかり情報館の理念や活動について説明した）でも，この地域に貢献するということがありましたし，やはり地域の理解も大事だと思うんです．香野さんのお話では，この場を大正琴のグループに貸すとか写真展や展覧会などという形で地域にオープンにしてるとのことでしたが，地域に対してオープンにするということと，精神障害に対する理解を深めるには具体的にどうすればいいのか，聞かせていただきたいと思います．

　司会　やどかりの里全体としては，地域の人たちと一緒にかなりさまざまな取り組みをやってきた経過があります

が，やどかり情報館でその方向を切り開いているのは出版の文化事業部と印刷の活動なので，まず香野さんから話してもらって，そのあと宗野さんが印刷で何をやっているかということに触れてもらいましょう．

生活者としての自信が障害をプラスに変える

香野 今お話に出ていた隣のおっさんは，やどかり情報館に土地を売ってくださった地域の理解者です．（笑）地域の方々と身近におつき合いして，挨拶を交わせるような仲になっても，まだまだ障害の部分は理解されない，理解しにくいのが精神障害だと思っています．

僕が今講演して皆さんに伝えていることは，まず精神障害者であるということから始まるのではなく，僕は今は妻と一緒にこの近くのアパートに住んでいますが，やはり，

「精神障害者である前に香野英勇ですよ，1人の人間ですよ」

というところから始まって，自分は地域の1人の生活者だという自覚を持っていますから，僕の住んでいるアパートの大家さんは今では僕の障害を多分知っていると思うのですが，別につき合いはまずくないです．この辺は畑をやっていることが多いので，野菜をたくさんいただいたり，こちらも旅行に行った時にはお土産を持って行ったりというやりとりをしています．

僕はやどかり情報館の名刺を渡したのですが，もちろん，

「障害者ですよ」
ということは書いてない名刺です．もうここで働いていることも知っているし，障害を持って働いていることも知っている．そうなってくると，障害というものと，地域というものが連結しないのです．そこに住んでいる香野英勇がアパートの大家さんと仲良くなっていって，たまたまその旦那さん（私）が障害を持っているにすぎないわけです．

　今まで僕は，結婚する前は実家で家族と住んでいましたが，障害を持っていることをマイナスに捉えていましたから，世間体を凄く気にして，親に申し訳ないという気持ちがあったりして，どうしても隠すようにしていました．まして調子が悪くなったり再発すれば，先程も大村さんが症状のことを言っていましたが，対人緊張だとか対人恐怖な

どというもろもろの症状が現われますので，そういう時に地域にどうしても出なければならない時に，やはり地域の方々の視線を冷たく感じるわけです．実際にそうなのかどうかわかりませんが……ところが，今僕はこの地域に住んでいて，働く場所もここにあって，またやどかりの里の会館には仲間同士が憩う場がありますから，そうなってくると僕自身は堂々としていられますから，僕自身の気持ちが変わることによって，今のアパートで僕が調子を悪くしても，多分僕は安心していられると思います．例えば，野菜のやりとりをやっていたり，お話したりできる地域の方々がいらっしゃるから，調子が悪い時は素直に近くの大家さんに曝け出せる．ということは，障害を部分として受け止めて，

　「ああ，あそこの旦那さん，何かこのごろ調子悪いけど……」

　「あっ，何か調子悪いのかな」

というように守ってもらえる感じを今は受けています．以前は調子が悪い時に外に出ると，皆から責め立てられるような恐怖感がありましたが，逆に今は生活者としてそれぞれとの人とのつき合いができていて，仕事場も近いし，憩う場もあるし，住む場もあるということになってくると，逆に知っている人たちが味方になってくれるようなところがあります．

障害者が地域に根づくことを願って体験発表会を

　司会　体験発表会の説明……町を歩いてビラ配りをして，私たちの存在証明をしてるという辺り……
　香野　今度はやどかり出版文化事業部の仕事人としての香野英勇の話をします．
　最初は社会には精神障害者に理解がない，悪いイメージを持たれてるという意識が非常にあって，それでは，自分の病気の話をして，正しい理解をしてもらうことによって，誤解や偏見をなくしていこう，ということで体験発表会を始めました．
　一番僕が伝えたかったのは，ここで働いているのであれば，この地域の方々に一番足を運んでもらいたい，ということでした．今までに15回やっていますが，毎回地域にビラを配って，やっと1人，2人と地域の方々がお見えになり始めました．この前の体験発表会の時には，この地域に住んでいて，息子さんが精神病を持っている方の家族の方が足を運んで来て聞いてくださいました．
　やどかりの里とやどかり情報館は，まだまだ限られた人しか来れない所です．自分の病気を認めて，自分で働いて，しかも自分の病気のことを訴えていこうという考え自体になかなか反応する人は少ないのです．けれども，何も専門家なり，マスコミだけに取り上げられることが僕らの仕事ではないですから，やっぱりその地域の障害者の人たちが

いるということが見えてくることによって，僕らもその地域が見えてくるし，ここの体験発表の会場に来てくれる地域の方々が，ここで理解を深めてくれればいいと思っております．

　司会　今までの話は出版でやっていることです．印刷でもかなり地域を意識した取り組みをしているので，そのことを話してください．

質のよい仕事を誠実にこなすことで

　宗野　やどかり印刷では11月半ばぐらいから12月の末ぐらいまで，年賀状の印刷をやっております．これは中川の本部に出張所を出して，1人1日7時間配置して地域の方にサービスを提供しようと，長年やっています．

　これは採算が取れずに赤字になっていますが，印刷で地域の方々へのサービスをということで，皆さんに喜んでいただいています．

　印刷の場合は印刷物をお客さんに引き渡す時には，そこで働いている人が精神障害者かどうかということはわからなくても，別にそれは構わないのです．やどかり印刷としては年賀状とか名刺とかはがきのような類をお客さんに依頼されて，仕事を誠実にこなしていく，大きい仕事，小さい仕事に関わらず誠実な対応をしていくということを長年してきました．そのため，地域の方々の中には印刷イコールやどかりの里と考えている方もおられたりします．そこ

で印刷事業を通して，
　「そこで働いている人が精神障害者だったのか」
と後で気がつくお客さんが結構多いです．
　やどかり印刷が誠実に仕事をしてくれるので，やどかりの里を支援しようというように，やどかり印刷のお客さんがやどかりの里の全体を支援していくというふうに変わっていくのが，印刷の大きな特徴ではないかと思います．つまり，サービスの受け手であった精神障害者たちが，今度は地域の住民へサービスの送り手になっているという価値の転換が印刷事業の中にはある，ということが言えると思います．
　また，やどかり情報館で言うと，外側を見てわかると思いますが，大きな，高い壁を作らずに，回りの畑の色と同じような茶色い色を塗って自然を崩さず，地域になるべく溶け込もうというような建物を作りました．隣の浅子さん，Aさんの言われたおっさんとは，野菜やトマトを買ったり，法人の中では老人の給食サービスをしている部門があるので，浅子さんからお米を仕入れたりしています．そういうように，福祉施設だからというのではなく，地域のいろいろな人から支援していただくということが自然にできていると思います．
　司会　いろいろなやり方で地域の人とのつながりを作ってきました．1つは自分たちのことを正確に伝える，2つ目は普通に暮らすこと自体が回りの理解を進めていくことになる，3つ目は何か還元できるサービスを提供する，こ

の3つのフレームワークがあるのです．

今後障害の開示の方向を進めてください

　B．質問が2点あります．1点は，先程の説明の中で年間1,000万円以上の純利益を上げていらっしゃるという点で，この景気の状況が厳しい中でどのような努力をされているのか，というのが1点です．2つ目は，埼玉県は精神障害者の作業所等については他の都道府県に比べて補助金の額が低いということを伺っていましたが，3,000万円とか4,000万円という大変高額な補助をいただいているという話を伺って，その辺のことも伺いたいと思います．

　香野さんから伺いたいのは，私ども現場のハローワークの窓口の障害者担当としては，一般雇用のほうに進むのであれば，ぜひ障害の開示をしていただきたいのです．香野さんはいろいろ努力されていて，実際にマスコミ等にもずいぶんお出になっていますが，精神病院の通院者の犯罪等があると，大変激しくマスコミは書き立てます．

　そういう事例があると，私どもが窓口で会社に電話するだけでもだめになってしまうケースがあります．ですから，これからもマスメディアにどんどん出ていただいて，精神障害者への理解を深めていただきたいというお願いと，もう1つは，障害者のほうでもやはり開示をしたくないという方と，開示をしていこうという方の2通りがあるのですが，ぜひハローワークにお見えいただく方については，開

示の方向でやっていただきたいと思います．と言うのは，確かに私どもは一般行政支部で入った人間ですから専門職ではなく，転勤等は1，2年でしょっちゅうあるわけです．今日のように障害者の専門研修を受けても，来年の春は何をやっているかわかりません．そういう中ではありますが，いろいろな支援措置が制度上ありますので，香野さんが開示をしていくというお話をいただいたので，ぜひそれはもっとどんどんアピールしていただきたいと思います．

司会 有難うございます．で，1,000万円の収益の話はどこで……

長谷川 私が館内案内の時に印刷の純利益が多分1,000万円ぴったりぐらいだという話をしたと思います．

情報開示は双方向性が前提

　司会　これは，ここは3,600万円の人件費の補助金がついています．だから私の人件費は税金でいただいているというからくりがあるので，そういうシステムの中での収益だというふうに認識してください．その3,600万円がなくて職員と従業員を雇えば赤字です．だけどやっぱりここは障害者の人を雇う……いつも障害者の人たちからは不十分だと言われ続けておりますが，彼らの賃金を払っていくにはなるべく収益率を高く上げる必要があるし，そのためには技術を提供する人も必要です．そして障害者とともに労働を作り合うということがもう1つの目的でもあるのです．また，ここは出版と印刷が同じ1階の中に入っているので，よその業者から仕入れるのは，紙代とインク代だけ，出版のほうは細かな経費が，例えば当然取材費だとかが出ていきますが，企画して，原稿を作って，それを制作に回して，それを印刷に回す．すべての過程を私たち職員と従業員でやっていますので，外にお金が流出しない．流出するのは郵便局と紙屋さんと，もちろんもろもろの細かいものはありますが，そういう外にお金が出ない循環がここにはありますので，単独で印刷，単独で出版というふうにやっているよりは，収益率はもちろん高くなります．

　それから，作業所の補助金は，埼玉県は決して高くはなく，大宮市では，数年前に年間90万円から480万円になっ

たばかりで，隣の東京都などに比べると段違いに低いのが実態です．
　情報開示の話は，職員である私たちと従業員であるメンバーの情報の格差をなるべくなくそう，というのが私たちの情報開示です．ですから，運営責任者としての専門職である私の情報を私が抱え込まない，というところがここの仕事の作り方の幾つかのポイントの1つになっています．
　どうしても専門職は情報を一番抱えています．当然皆さんたちもいろいろな情報を持っていらっしゃると思うのですが，すべてそういう情報は私たち固有のものにしないと考えていますので，障害者の人たちが自分の情報開示するとともに，私たちも自分の専門性の情報を開示する．それでお互いに作り合うというのが私たちの考え方なのです．

ストレス解消には勉強が一番

　C．私は視覚障害で，皆さんのお話をほんとうに感動的に聞きました．有難うございました．特に大村さんのお話はすごく印象深かったです．
　大村さんはお酒が好きだということですが，お酒と薬の関係をお聞きしたいのです．僕も眼科の薬を使っていますが，医者によく，
　「あんた大酒飲みじゃねえか．程々にしないと薬も効果ないよ」
とよく言われますが，特に精神障害者の方は薬が常に必要

だと思いますから，お酒も程々に，自分の体を痛めない程度に，大村さんはそこをどうされているのか，ということをお聞きしたいと思います．

　次に星野さんにお伺いしたいのは，余暇の時間の過ごし方についてです．日曜日と月曜日がお休みだということですが，趣味はパチンコが増えたと言われていましたが，本とかは読まれていると思いますが，余暇の時間をどう過されているのか，また，趣味的なものはどういうふうに持たれているのか，という点をお聞きしたいと思います．

　大村　お酒と薬の関係については，私も詳しいことはわからないのですが，本を読みますと，薬とお酒は非常に相性が悪くて，お酒と薬を飲むと記憶障害が起こるというようなことが言われています．私も先生に聞いたところ，
　「お酒と薬は合わないから止めたほうがいい」
と言われました．けれども，私の場合お酒をまるっきり止めるということはできません．ですから1日コップ1杯（笑）……必ずそれ以上でも，それ以下でもないようにしています．

　1度飲酒運転で捕まってからぱったり止めたことがありました．それで，コップ1杯でも我慢できるので，薬と併用はなるべく避けようとしております．

　星野　私はお酒を飲まなくても済むのですが，煙草はよく吸います．余暇の時間は，私は中国に行きたいという夢があるので，日中友好協会で中国語の勉強をしています．仕事は貸しビル業と情報館の両方をやっていますが，かな

り家に帰って考え込んでしまうと，
　「ああ，どうしてこうなったんだろう」
と考えてしまうとどうしようもないので，勉強という方法が一番ストレス解消になるのです．なぜストレス解消になるかと言うと，
　「それは人を相手にしていないからだよ」
と言う人がいるのですが，そういうことをやっています．
　本は結構読みます．司馬遼太郎，山岡荘八や，昔は大江健三郎などをノイローゼ気味になったぐらい読みました．
　後は暇ができるとよく旅行に行きます．結構旅行が好きなので，いつも行きつけの湯治場があって，そういう物理的な居場所は結構持っています．
　友達も結構います．最近よく言われているのは，
　「お前ちょっと情報館に凝りすぎているんじゃないか．少し考えたほうがいいんじゃないか」
ということです．（笑）

社会適応訓練より自分の能力開発こそ

　D．1つの理想をきちんと持っての30年の歩みはほんとうに大変だったろうと思います．東京の国立には考え方としては同じような形で，退院したけれども居場所がない，働きたいけれどもなかなか一般就労はできない，というような方が単なる作業所の域を越えて，自分たちで一般社会の中で働く場を立ち上げたところがあります．そこの人た

ちが，大村さんも言っておられましたが，そこで働くのが非常に居心地がいい，と言っておられます．

　やどかりの里は地域住民とある意味でうまくいっている例だと思うのですが，やどかりの里のような所が全国にたくさんできて，全国で入院している33万人のうちの40パーセントが行ける所が全国に広がると理想な社会になっていくのかもしれませんが，現実問題としてこういう物を作るのは非常に難しいだろうと思います．それでも一般社会の中で精神障害を持っている方々が暮らしていかなければならないとなった時に，社会に出る前の段階で，一般就労を目指して訓練された人たちは，社会の中に飛び立っていきやすいのではないか，そういうものがあったほうがいいのではないか，という気がします．精神障害に対する偏見もまだまだたくさんある中で，障害者自身がどういうふうにそういった問題を克服していこうとしているのか，聞いてみたいと思います．

　香野　給料をもらって生活費に当てて社会で過ごしていくことは厳しいことなのでしょう．そこに向かって障害者には訓練が必要だと言われるけれども，僕は病気をして入院したことによって，分裂病を友達にしたのです．病気をしなかった自分を今思い返すと，多分勉強していないで，仕事をしいしい厳しいと言われる社会の中で生きていたでしょう．しかし，逆に言えば，甘っちょろい社会ではなく，死を見つめる生活を病院の中でしてきたから，そういう意味では何でそういう世の中に戻るために訓練をするのか，

だれの評価を得るためにやるのだろうか，というのがほんとうのところです．

　今は自分が自分らしく生きることを認めてもらうように僕らが求めているのであって，訓練という発想より基本的に自分が持っているアビリティなり，まだ見出していない能力を延ばしていけるような職場，また自分の能力を気持ちよく出していけるような職場があればいいと思っているのです．ですから，やどかりの里では訓練という概念は一切ありません．どこにも生活訓練などという言葉は一切出てきません．その人の人間性を凄く大切にしています．訓

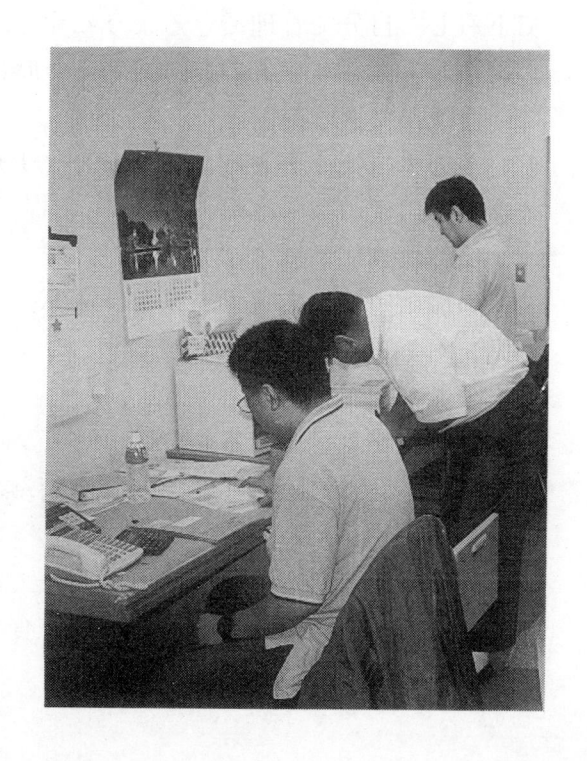

練よりその人自身のありのままを受け止めるというやり方をしています．

司会 宗野さん，私たちがメンバーの人たちと出会う中で，訓練するというのはやっぱりおかしいと思い始めて，ステップアップはよそうというふうに意識を転換してきた辺りに触れて話してください．

宗野 精神科の病院では患者が地域に出て一人暮らしを始めるという時に，

「金銭管理が自分でできるか」

といって，お金を自分で管理して，お金を自分で使えるようにする．そこで，貯金を含めてキャッシュディスペンサーで下ろして自分で管理できるようにする．

次に，トレーニングの段階で考えた時に，

「自炊ができるか」

というので自炊のトレーニングをしますね．それでそれができたら，次のステップとして，

「環境に適応できるか」

「地域に出て一人暮らしができるか．そのために地域の住民とちゃんとつき合えるか」

その次に何が来るかと言うと，

「その人が就労できるか」

です．こういう段階的なステップを踏んでトレーニングをしていきます．

これを自分に当てはめた時に果たしてどうか．僕は38歳でまだ独身，一人暮らしをしていて，食事を自分で作って

いるかと言うとコンビニで買ったりして栄養過多でこんなに太ってしまいました．
　「自分でセルフコントロールできていますか」
と聞かれたら，こんなに太っているから……（笑）もう1人ここには太った人がいますけれども……（爆笑）まったくできていません．
　しかし，勝手に他人が作ったトレーニングメニューを段階的にこなしていって，最終的に就労に結びついたから退院させよう，一人暮らしの準備ができたら一人暮らしをさせてあげようと言うのは，基本的にはその人のありのままを認めず，他人の枠で，他人が作ったステップに合わせて，そのステップをクリアできたら退院できるというあり方は基本的におかしい．もっとも援護寮を建てた時には最初のうちはトレーニングの場面がいろいろありました．やどかりの里の援護寮の中に全自動の洗濯機があって，食事も大きな厨房で，2つの冷蔵庫があったり，電子レンジも何でもそろっているという援護寮で一人暮らしの準備を行っていました．ところが，いざその人に自信がついたからというので地域で一人暮らしを始めた時に，例えばその人が生活保護を受けている時には，援護寮にあった環境とは違って，安いアパートで，全自動の洗濯機もなく，ガスコンロ1つで，冷蔵庫もワンドアでというような環境に置かれた時に，今までトレーニングしていた内容とは激変するわけです．そうすると，今までしていたトレーニングとはいったい何だったのかと考えざるを得ませんでした．そして，

その人のできなさをトレーニングするのではなく，その人のありのままの生き方なり，生活の仕方を地域にすぐに移行して，そのできなさをサポートしていくなり，その人が学習していくのは，施設の中ではなく地域の中なのだというように，非常に当たり前のことのように移行してきたやどかりの里の経過があるのです．

精神障害者がそこで生活すること自体が地域を変える

　司会　今グループホームで生活している人たちは，そのままを彼らが望むならば生涯そこで暮らしてもいいのです，グループホームは通過施設ではないのですから．ただ，私が思うには，家賃25,000円のアパートでは，地震などがあった時には実は心配だと思っているので，本当はもっと安心して暮らせる住まいが優先的に提供されればいいと思っています．それにしても，彼らにとってはそのグループホーム自体が地域そのもので，彼らがそこで生きることで，その地域を変えていくことになるのです．ちょっと大げさではないかと思われるかもしれませんが，私は結構真面目にそう信じています．
　先程香野さんの話の中に，彼は別に，
　「僕は精神障害者です」
とわざわざ地域で言い回ったりはしませんが，ふとした機会に知り合ったことをきっかけに，
　「ああ，病気だったんだ」

「あっ，でもそんなふうに暮らしているんだ」
ということが地域にわかっていけば，それが何よりの地域づくりの武器だと私自身は思っているので，彼らが彼ららしくそこで存在していってくれたらいいなあと思っているのです．

対等であることと憩いの場に入りにくいとは違う次元

　E．やどかりの里は退院しても行く所がない時の仮の宿という感じで，そこを足場に社会に出ていくのかなと最初は思っていました．

　司会　多分創設時はそうだったと思います．最初は病院から地域へ行く際の中間宿舎みたいなものを作って，そこから地域に戻って行くのだと考えていました．それがしだいにメンバーの人に教えてもらって私たちの考え方も変わって，基本的な枠組みを5年ぐらいの周期で変えているような次第です．

　F．始めにスライドを見て不思議に思ったことがあります．先程お話の中で，
　「メンバーとスタッフの関係は対等である」
　「これは1つの大きな価値観の転換だったのではないか」
というお話がありましたが，スライドの中では，増田館長さんが，
　「憩いの場には中々スタッフも入らない」
とお話されました．また，

「事務室との間に壁やドアがあると，スタッフとメンバーに壁ができているようなので，ドアを取り壊した」というお話もありました．そのことと，憩いの場に入りにくいということが矛盾しているように感じたのですが，その辺はどうなのですか．

香野 基本的に職員が憩いの場に入らないというのは，現場に行かないとなかなかわからないかもしれません．憩いの場にスタッフが入らないというのは，スタッフそれぞれの力量の問題で，メンバーが憩いの場にいる所へ雰囲気を壊さず入って来れるスタッフがいれば，それはそれでいいわけです．ところが雰囲気を壊すような，この人は職員だと意識させるような人が入ってくれば，その人も違和感を感じるだろうし，僕らも違和感を感じます．ただ，基本的に茶の間と言われる場所は多いけれども，僕らが集まっている所は煙っていますから，やどかりの里はひじょうに女性職員が多く，煙を嫌いな人が多いですから，なかなか入って来ないというのが現状になってます．そういう意味での距離感はあると思います．

司会 私流に言えば，私の時間の流れ方と皆の流れ方が食い違うところがあるのです．私はせかせかしているので，ゆっくり流れている時間を大切にしている彼らが憩っている時に，せかせかと入って行くと，

「あっ，ちょっと申し訳ないなあ」

という入りにくさは正直言ってあります．それは対等とか対等じゃないとかということとちょっと違うかもしれない

ですね．でも，面白いコメントを有難うございます．

福祉工場にもいろいろあることを実感

　G．うちの地区にも福祉工場が1軒あって，設立されて2年ぐらいになります．私も最初のころから関わっていますが，もともとは障害者を多数雇用している企業が作った施設ですから，労働的な要素の強い所です．従業員の採用も健常者と同じような形で選考をして，賃金も作業量に応じて同じような決め方をしておりました．こちらの福祉工場は私が考えていた福祉工場と内容的に違う感じで，福祉的要素がかなり強いと感じています．実際に職員の方も当然ここで作業を一緒にされるわけですね．そこで，母体団体との関係がどうなっているのか，実際ここに勤めていらっしゃる職員の方と，母体団体の職員の方たちと関係がわか

らなくて，掛け持ちされているのか，それとも福祉工場で雇用されている形になるのか，その辺をお聞きしたいと思います．

それと，もう1点は，やはり一般企業での就労を考えている方も大勢いらっしゃると思うのですが，その場合に，例えば安定所の窓口では当然一般の障害窓口で相談されていると思います．その場合に，短期間で辞めたり，あるいは面接の時にいろいろあって，何回も不採用というようなことになる場合もあると思います．結果的に，うちの職員がいろいろ申し上げることで，多分気持ちを逆撫でするようなこともあるのではないかと思いますが，それでも，やはり障害者ということは言わないで相談を受けたいのか，それとも障害を持っているということで障害の窓口に来ていただいて，お話をする時も障害者ということでやる方向がいいのか．障害をお持ちだということで，どうしても通院の問題だとか，勤務日数・時間などをその方に合わせるようにすると，賃金が一般求人より下がる場合が多いのです．それでも障害者としての就職を望まれるのか，あるいは短期間にしても一般就労を望まれるのか，その辺をお伺いしたいと思います．

活動を作った人が活動を担っていく

　宗野　大前提としてやどかりの里は社団法人で，法人の会員はやどかりの里を利用している方々，情報館で働いて

いる方々，僕のようにスタッフとして働いている方々，それに家族，学識経験者，後援者がすべて会員で，そのメンバーシップを基に法人が成り立っています．法人の会員は年1回の総会ですべての法人の運営について決定します．だからやどかりの里の進む方向に関してはスタッフの私，メンバーの香野さん，みな対等であるわけです．
　そのメンバーシップを持った団体に雇用されている人がスタッフと言われる人です．
　メンバーという言葉は利用者に用いています．やどかり情報館は利用施設ではなく，雇用された人が働く場所ですので，従業員とかメンバースタッフというような呼び名になっています．
　スタッフの配置は，それぞれ活動を作ってきた人たちが中心になっている感じがあります．私はもともと印刷をやったわけではなく，リサイクルの事業を他のスタッフと一緒にやって，そこで働く場を作りたいと考えていました．先程話したように，印刷事業の危機の時に私がやると言ってその事業を担当するようになりました．
　増田に関しては，出版を選んでそこを活動の中心に据えてきました．同じ法人のスタッフであっても，それぞれ活動の場所，例えば与野の生活支援センターであったり，浦和の生活支援センターであったり，やどかり情報館であったり，授産施設であったりで，スタッフがそこの場で活動を作り上げているわけです．
　司会　出版の職員については，実際には求人に応募して

きてくれた人の中から採用するのですが，建前としては法人全体で雇用しているという形態になっています．

　福祉工場の従業員は福祉工場で雇用しますが，大枠で言えば，法人の非常勤職員としての採用で雇われているという感じです．やどかりの里では活動を作っていくのです．新しい活動を作った人がその活動を担うという非常に原始的，かつ素朴な形態を取っています．

　それから，先程ここは福祉的な工場の色彩が強いというお話がありましたが，時間の枠については福祉的な考え方で35時間労働を考えていますが，労働の質については職員と従業員の差は無くそうと思っています．メンバーの人で週2日勤務という人は技術を習得する時間が2倍かかるかもしれないけれども，それ以外は基本的には考え方としては同じにやっています．ただ，他の福祉工場と違うのは，ここは機械が仕事をするというよりも，企画で勝負するところが多く，それがこの福祉工場の売りなのです．だから，手内職をするとか，箱を作るとか，クリーニングするというような仕事ではなく，どういう本を作ったら世の中の役に立つかとか，そういう辺りの企画で勝負をする福祉工場なので，他の福祉工場とは色彩が違うと思います．こういう福祉工場は多分日本中で身体も，知的も，精神も含めて多分ここだけなので，そういうソフトを活かしていきたいと思っています．だから精神障害の体験を活かす福祉工場がもっと増えていったら，あるいは知的障害の人の特徴を活かしたソフトが種目の中にもっと増えていったらいいの

になあ，そのような事業を創造していけたらいいのではないかと思っています．
　一般就労を選ぶという話は，やっぱり大村さんに話してもらうのがいいと思います．

自立を考えたら一般就労，病気は隠す

　大村　今も僕は変わりません．病気のことは隠します．それは，自分は病気は治るものだと思っているからです．僕が勤めた工場で２，３回解雇されたことがあります．その時に，
　「精神病院に入院した経験があるか」
と聞かれたので，私が，
　「ある」
と答えたら，
　「それじゃあ」
ということで解雇させられました．その解雇の理由が正当かどうかという問題は，私は自分自身の欠点を探す傾向があるものですから，法律的な意味はよく検討しなかったのですが，僕はそこいら辺にも問題があるのではないかと思います．就業規則としてある場合には，あるいは止むを得ないのかもしれませんが……その辺は皆さんのほうが詳しいと思います．
　今，自分自身は症状が出ることがあったりするので，今のところは不安です．だから，しばらくはここで様子を見

ようと思っています．ほんとうに一般就労をするとなったら，ここの職員の方もよく思ってくれるかどうかわかりません．（笑）今まで世話になったという恩義もありますし，そうかと言って，このまま安い給料で働いていれば，自分の老後のこととか，家庭のこととか，また自分で車を持ちたいとかいろいろな希望もありますし，そういう金銭的な意味も，精神的な意味もあって，ほんとうの自立を考えた場合には，最終的には一般就労するのがほんとうではないでしょうか．その場合，僕は隠していくつもりです．

　司会　では最後に，4人の方に一言ずつお話いただいて終わりにしたいと思います．

障害者であるかないかを認めるのは本人次第

　香野　障害の「非開示」とか「開示」という問題は，基本的には選ぶのは僕ら側にあると思います．特にこの病気は見た目はわからないですみますし，認識の違いで自分は病気ではないと思っている方もいらっしゃいますから，百人精神障害者がいたら百人違って当然で，逆に開示しなければならないと義務づけられたりすると困ってしまいます．その選択の余地がなければ困ります．一方，僕のように障害を持って楽になる，障害を持って働くことの嬉しさもわかってくる人もいます．

　正直者が馬鹿を見ないように，職安の窓口の方々が精神障害者をちゃんと理解してくれた上で，一緒になって，勇

気を持って言えるような態勢が出てくれば，それで成功例が出てくれば，大村さんも少しは変わると思います．（笑）.
　僕も精神障害者だと言うと全部だめだというのを見てきていますから，特に日本は法の上では精神障害者は全部欠格条項に引っかかって，精神障害者であれば全部だめというふうに切られていますから，その上隠して就職することについても，
　「あんた開示してよ，お願いよ．だめだよ，法律違反だよ」
などとなってしまったらとんでもない話で，やっぱり言わなくてもいい権利があると思います．大村さんは人権の問題と捉えていると言っていましたが，これはまさしく人権の問題だと思います．だから，人それぞれが選ぶ権利はあると思います．

自分が障害者なのか，障害者でないと認めるかは，本人に決定権があると思います．できれば僕は障害者と認めて働く人が増えるといいとは思いますが，それには，精神障害者は，
　「そういう悪い人ではないよ」
と言ってくれるハローワークの方々がいれば嬉しいと僕は思います．

精神障害者という言葉は本人が選択して使うもの

　星野　香野さんの熱演の前に圧倒されていますが，私は精神障害者になって確かに能力と体力は落ちました．それは事実です．私はそういう中で自分で自分に訓練を課して，自分で自助努力でやっています．そういうところからある程度一般の人に近づくような努力を私はしていて，何とか夢に向かって頑張っております．
　大村　私はずっと働いてきて，確かに病気を隠して就職するつもりですが，障害者として働くという面があまりにも今の社会では少ないのではないかということに，今日の討論をしていて気がつきました．
　視覚障害とか聴覚障害の人たちの理解はある程度社会にはありますが，精神障害の理解は非常に少ないのが現状だと，このごろ痛切に感じております．私としては，私的にも，公的にもあらゆる手段を通して健康になるように努力していきたいと思っております．

宗野　精神障害者，精神障害，精神分裂病という言葉は，やはりラベリングされた差別用語であるという意識がどこかにあるのだろうと思います．

　例えば，マスコミでは，精神障害者に対する配慮をしつつも，通院歴があるとか，通院治療中であるという言葉を用いて，精神病と，犯罪を結びつけるような報道をしていると思います．そうすると精神障害者は何をするかわからないという社会防衛的な意識がやっぱりあって，企業の社長などは何するかわからないからやっぱり精神障害者は雇わないという意識が出てくるだろうと思います．

　「精神障害者として私は働きます」
と窓口に行って，
　「私は精神障害者です」
という開示は，その回りがその言葉を用いるのではなく，精神障害者であるという言葉は本人が選択して使う言葉なのだろうと思いました．

　司会　朝から長時間にわたっておつき合いいただいてほんとうに有難うございました．またどこかでお目にかかるのを楽しみにしております．有難うございました．（拍手）

おわりに

　本書は精神障害者が働くということをテーマにして書かれています．しかし，精神障害者だけでなく，一般の人にも読んでもらいたいと思います．精神障害者も何ら他の人と変わらない，ただちょっと，一般の人とは違って少し疲れやすいとか，眠れないとかということはありますが，でも，人間であることには変わりなく，働きたいしお金も欲しい，結婚もしたいし遊びもしたいのです．
　そんな夢を少しでも適えたい……そんな思いを読者の方々が少しでも読み取ってくだされば幸いです．
　そして，そして，そんな思いを持っている私たちメンバーと職員が協働という形でともに働き，ともに生きています．
　今回は労働省のハローワークの担当者の方々の研修の場でお話をいたしました．私たちの話を研修に取り入れられたことに感謝の気持ちでいっぱいです．
　本書を読んで私たちのことを理解していただけたでしょ

うか．そして，20名ばかりの私たちの福祉工場の夢を感じていただけたでしょうか．職員とメンバーの対等なパートナーシップ，人間の尊厳を感じていただけたでしょうか．

　私たちは私たち自身が自らの体験を語るという仕事は世の中を変える仕事だと思っています．障害者に偏見のない平等な社会，人間が夢と希望を持って生き生きと生きていく……そんな思いを読者の方々が汲み取っていただけることを望んで止みません．

　2000年9月

やどかりブックレット編集委員　星野　文男

やどかりブックレット・障害者からのメッセージ・6

精神障害者がいきいき働く

2000年10月25日　発行
編者　やどかりブックレット編集委員会
著者　星野　文男　　香野　英勇
　　　大村　祐二　　宗野　政美
発行所　やどかり出版　代表　増田　一世

〒330－0814　大宮市染谷1177－4
TEL 048－680－1891　FAX 048－680－1894
E－mail johokan@mb.infoweb.ne.jp
http://village.infoweb.ne.jp/~johokan/